d oder t? Schreibe die Wörter verlängert (Mehrzahl) und in der Einzahl.

viele Pakete

ein

viele

ein

viele

ein

viele

ein

viele

ein

viele

ein

viele

ein

viele

ein

viele

ein

d oder t? Schreibe die Wörter verlängert (Mehrzahl) und in der Einzahl.

Wenn du Wörter verlängerst, verändert sich manchmal der Selbstlaut. Aus a wird ä, u zu ü und o zu ö.

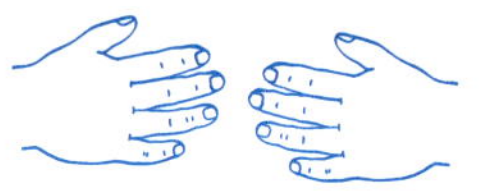

viele ______________________

eine ______________________

viele ______________________

ein ______________________

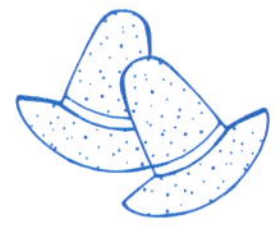

viele ______________________

ein ______________________

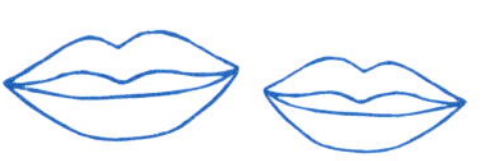

viele ______________________

ein ______________________

viele ______________________

ein ______________________

viele ______________________

ein ______________________

viele ______________________

ein ______________________

viele ______________________

ein ______________________

Lautunterscheidung „d“ und „t“; teilweise mit Umlaut in der Pluralform; Wörter verlängern

Trage **d** oder **t** ein.
Schreibe dann einen Satz mit dem Wort in der Einzahl.

viele Län_d_er ➜ ein Lan_d_ Das Land China liegt in Asien.

viele Fein__e ➜ ein Fein__

____.

viele Freun__e ➜ ein Freun__

____.

viele Hel__en ➜ ein Hel__

____.

viele Lich__er ➜ ein Lich__

____.

Lautunterscheidung „d" und „t"; teilweise mit Umlaut in der Pluralform; Ergänzen der fehlenden Laute; eigene Sätze schreiben

g oder k? Schreibe die Wörter verlängert (Mehrzahl) und in der Einzahl.

viele Burgen

eine B

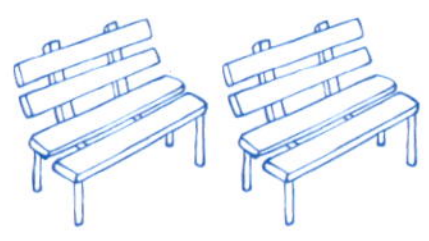

viele

eine

viele

ein

viele

ein

viele

ein

viele

ein

viele

ein

viele

ein

viele

ein

Lautunterscheidung „g“ und „k“; teilweise mit Umlaut in der Pluralform; Wörter verlängern

Trage g oder k ein.
Schreibe dann einen Satz mit dem Wort in der Einzahl.

viele Ta__e ➜ ein Ta__

Heute ist ein schöner T__________.

viele We__e ➜ ein We__

__________.

viele Bän__e ➜ eine Ban__

__________.

viele Zwei__e ➜ ein Zwei__

__________.

viele Krie__e ➜ ein Krie__

__________.

Mein Wörter-Schreibheft – schwierige Wörter www.verlagruhr.de

Lautunterscheidung „g“ und „k“; teilweise mit Umlaut in der Pluralform; Ergänzen der fehlenden Laute; eigene Sätze schreiben

b oder p? Schreibe die Wörter verlängert (Mehrzahl) und in der Einzahl.

viele Stäbe
ein S

viele
ein

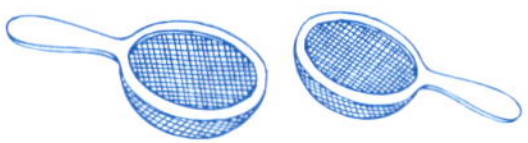

viele
ein

viele
ein

viele
eine

viele
ein

viele
ein

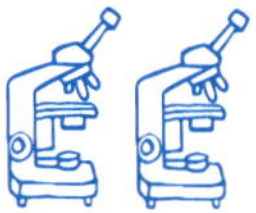

viele
ein

Lautunterscheidung „b“ und „p“; teilweise mit Umlaut in der Pluralform; Wörter verlängern

Trage **b**, **p** ein. Schreibe dann einen eigenen Satz.

gel__e Zitronen → gel__.

Die Farbe heißt G______________.

viele Kör__e → ein Kor__

______________________________.

eine lie__e Katze → lie__

______________________________.

eine hal__e Stunde → hal__ Zwölf

______________________________.

jemanden lo__en → das Lo__

______________________________.

äu oder **eu**? Schreibe die Wörter erst in der Einzahl dann in der Mehrzahl.

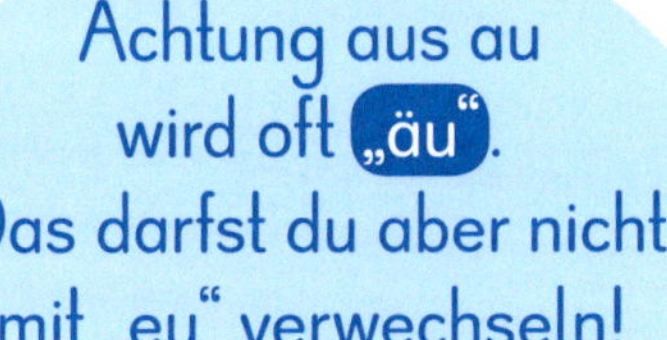

eine ______________________

viele ______________________

eine ______________________

viele ______________________

ein ______________________

viele ______________________

ein ______________________

viele ______________________

eine ______________________

viele ______________________

ein ______________________

viele ______________________

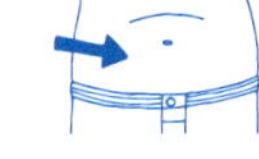

ein ______________________

viele ______________________

Lautunterscheidung „au", „äu" und „eu"; teilweise mit Umlaut in der Pluralform; Wörter verlängern

Trage **au**, **äu** oder **eu** ein.

ein Tr____m → viele Tr____me

eine ____le → viele ____len

ein R____m → viele R____me

ein T____fel → viele T____fel

ein Str____ch → viele Str____cher

ein Fr____nd → viele Fr____nde

ein B____m → viele B____me

Lautunterscheidung „au“, „äu“ und „eu“; teilweise mit Umlaut in der Pluralform; Ergänzen der fehlenden Laute

Trage den fehlenden Laut ein.

laufen

der L___fer ✦ ich l___fe ✦ er l___ft ✦ du l___fst ✦ wir l___fen ✦ Der L___fer l___ft auf der L___bahn.

kaufen

der Verk___fer ✦ er k___ft ✦ Der Ver___fer hat Obst.

rauben

der R___ber ✦ er r___bt ✦ Ich wurde ber___bt. ✦ Der R___ber r___bt die Bank aus.

Lautunterscheidung „au" und „äu"; teilweise Umlaute; Ergänzen der fehlenden Laute

Schreibe die Wörter in der Einzahl und dann in der Mehrzahl.

ein ______________________

viele ______________________

eine ______________________

viele ______________________

ein ______________________

viele ______________________

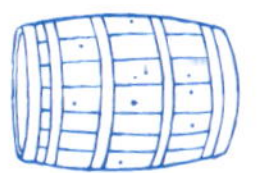

ein ______________________

viele ______________________

ein ______________________

viele ______________________

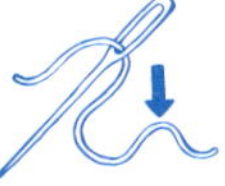

ein ______________________

viele ______________________

eine ______________________

viele ______________________

ein ______________________

viele ______________________

eine ______________________

viele ______________________

meist Lautunterscheidung „e“, „a“ und „ä“; teilweise mit Umlaut in der Pluralform; Wörter verlängern

Trage a, ä oder e ein.

ein M_a_nn	→	viele M_ä_nner
ein Z__lt	→	viele Z__lte
das Gr__s	→	viele Gr__ser
ein B__ll	→	viele B__lle
ein Pl__tz	→	viele Pl__tze
ein S__tz	→	viele S__tze
ein Z__hn	→	viele Z__hne
eine Schn__cke	→	viele Schn__cken
ein N__st	→	viele N__ster
eine W__spe	→	viele W__spen

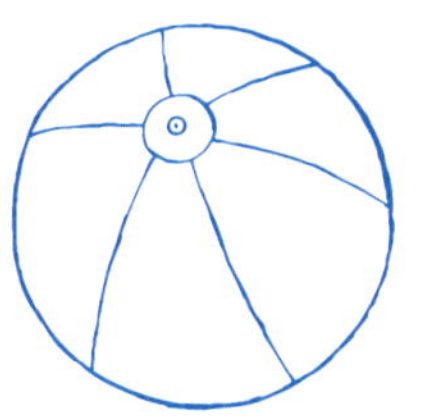

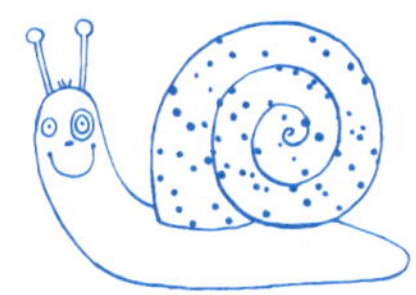

Trage den fehlenden Laut ein.

fallen

sie f__llt ✦ der Holzf__ller ✦ Sie f__llt auf den Boden.

waschen

er w__scht ✦ Die W__schmaschine w__scht die W__sche.
✦ Ich habe mich gew__schen. ✦ Sie w__scht das Hemd.

halten

er h__lt ✦ das Verh__ltnis ✦ Sie h__lt ein Glas in der Hand.

fahren

er f__hrt ✦ die F__hre ✦ ihr f__hrt ✦ Ich f__hre oft F__hrrad.

Lautunterscheidung „e“, „a“ und „ä“; teilweise mit Umlaut in der Pluralform; Ergänzen der fehlenden Laute

Trage den fehlenden Laut ein.

fangen

er f__ngt ✦ das Gef__ngnis ✦ Der F__nger f__ngt den Gef__genen.

schlagen

er schl__gt ✦ der Tennisschl__ger ✦ Er zerschl__gt die Vase.

tragen

sie tr__gt ✦ die Hosentr__ger ✦ Er tr__gt einen Eimer.

graben

sie gr__bt ✦ das Begr__bnis ✦ Der Hund vergr__bt den Knochen.

Lautunterscheidung „e“, „a“ und „ä“; teilweise mit Umlaut in der Pluralform; Ergänzen der fehlenden Laute

Trage den fehlenden Laut ein.

lassen

Er l__sst ihn spielen. ✦ Der Reisende verl__sst die Heimat. ✦ Sie l__sst ihn los. ✦ Wir l__ssen den Drachen steigen.

wachsen

es w__chst ✦ das Gew__chshaus ✦ Die Pflanze w__chst gut.

schlagen

sie schl__gt ✦ der Schl__ger ✦ Er schl__gt den Ball weit weg.

schlafen

sie schl__ft ✦ Er schl__ft gut. ✦ Sie verschl__ft den Morgen.

Trage den fehlenden Laut ein.

hart

h__rter ✦ am h__rtesten ✦ Der Stoff wurde geh__rtet.

alt

Ich bin __lter. ✦ am __ltesten ✦ Er wird __lter.

warm

w__rmer ✦ am w__rmsten ✦ Die Katze w__rmt sich am Ofen. ✦ In diesem kalten Winter wollen wir uns w__rmen.

kalt

k__lter ✦ am k__ltesten ✦ Die K__lte ist schwer zu ertragen.

Lautunterscheidung „e“, „a“ und „ä“; teilweise mit Umlaut in der Pluralform; Ergänzen der fehlenden Laute

Trage den fehlenden Laut ein.

stark

st__rker ✦ am st__rksten ✦ die St__rke ✦ Er ist sehr st__rk. ✦ Ich bin st__rker. ✦ Er verst__rkt die Mannschaft.

lang

l__nger ✦ am l__ngsten ✦ ein verl__ngertes Wochenende

scharf

sch__rfer ✦ am sch__rfsten ✦ Er sch__rft das Messer.

nah

n__her ✦ am n__chsten ✦ Er n__hert sich der Tür.

Klingt der Vokal lang (–) oder kurz (·)?
Schreibe die erste Silbe. Trage unter den Vokal (–) oder (·) ein.

Tel ·

Ha –

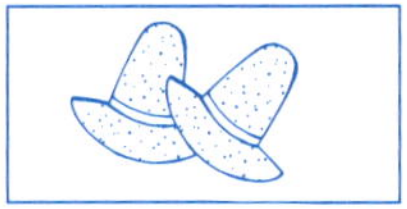

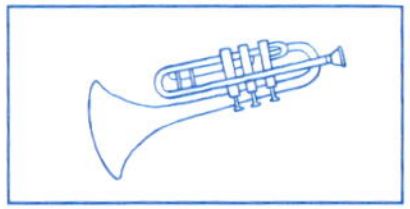

Lautunterscheidung kurzer oder langer Vokal; Schreiben der ersten Silbe; Markieren der Vokallänge

Melone, Zitrone: Norbert Höveler

Klingt der Vokal lang (–) oder kurz (·)?
Schreibe die erste Silbe. Trage unter den Vokal (–) oder (·) ein.

Ta

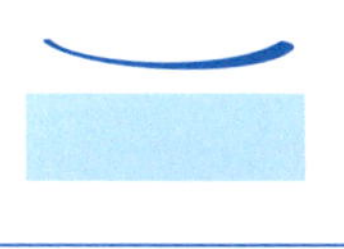
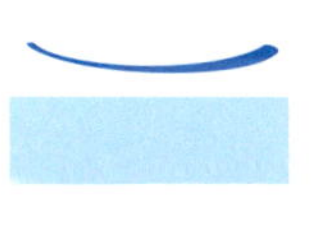

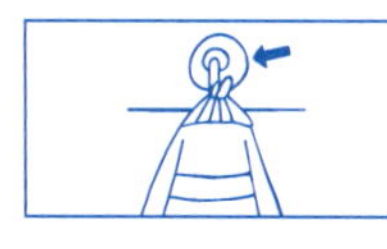

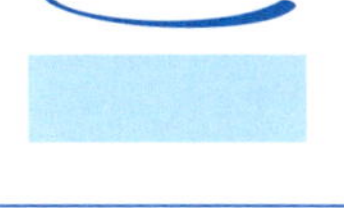

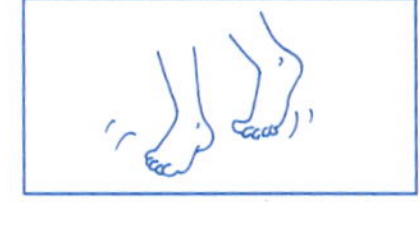

Mein Wörter-Schreibheft – schwierige Wörter www.verlagruhr.de

Lautunterscheidung kurzer oder langer Vokal; Schreiben der ersten Silbe; Markieren der Vokallänge

Klingt der Vokal lang (–) oder kurz (·)?
Schreibe die erste Silbe. Trage unter den Vokal (–) oder (·) ein.

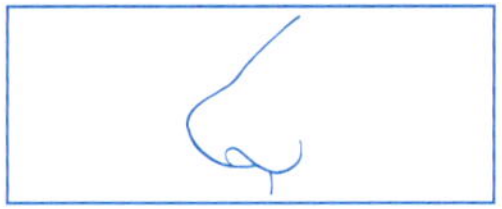

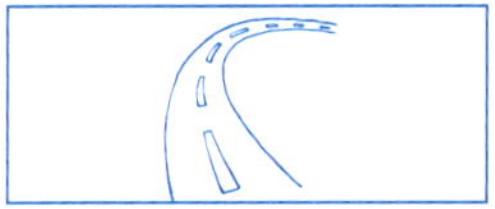

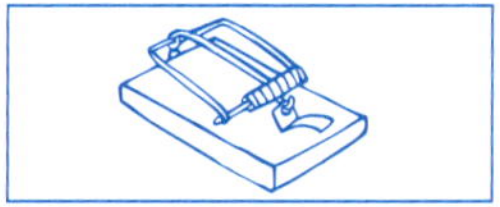

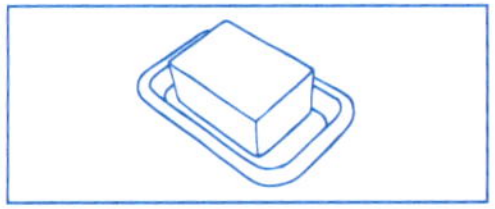

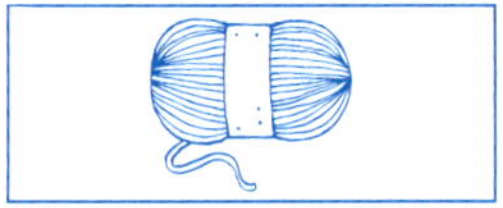

Lautunterscheidung kurzer oder langer Vokal; Schreiben der ersten Silbe; Markieren der Vokallänge

Trage f oder ff ein. Schreibe mit Silbenbögen.

	Scha___e	Wa___el	Ha___en
Ta___el	Karto___el	Lö___el	O___en
schla___en	Sa___t	Schri___t	Lu___t

Trage l oder ll ein. Schreibe mit Silbenbögen.

Te__ll__er 	Wa___e	Scha___e	Ke___er
Wo___e	Fa___e	Schu___e	Koh___e
Me___one	be___en	Ro___er	Que___e

Lautunterscheidung einfacher oder doppelter Konsonant; Ergänzen der fehlenden Laute; in Silben schreiben

Trage m oder mm ein. Schreibe mit Silbenbögen.

Hi____el	Blu____e	Nu____er	Na____e
Hu____el	Da____e	So____er	
Tro____el	La____a	Ha____er	O____a

Lautunterscheidung einfacher oder doppelter Konsonant; Ergänzen der fehlenden Laute; in Silben schreiben

Trage **t** oder **tt** ein. Zeichne die Silbenbögen ein.

Hü t e 	Hü___e 	Bu___er 	No___e 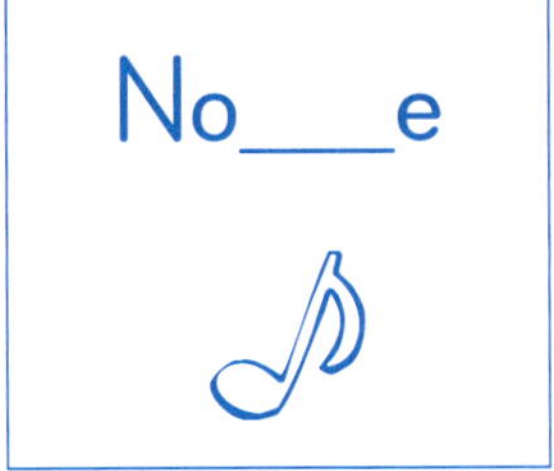
Gewi___er 	Mu___er 	Bro___e 	Schli___en 
Gar___en 	Ra___en 	Be___en 	Blä___er 

Lautunterscheidung einfacher oder doppelter Konsonant; Ergänzen der fehlenden Laute; in Silben schreiben

Trage n oder nn ein. Zeichne die Silbenbögen ein.

Kro___e

So___e

Spi___e

Ho___ig

Wa___e

Mo___at

Ju___i

Hu___d

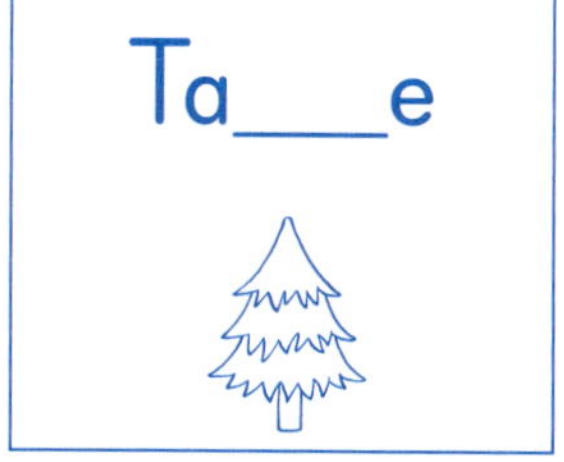
Ta___e

Stra___d

Ka___e

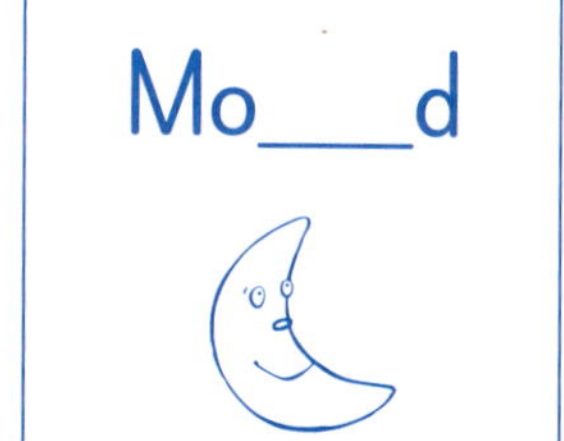
Mo___d

Kalender: Dorothee Wolters

Trage **s** oder **ss** ein. Zeichne die Silbenbögen ein.

Na___e

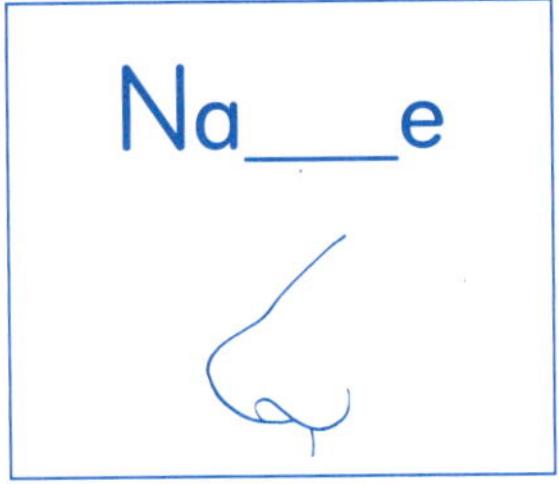

Be___en

Kla___e

Me___er

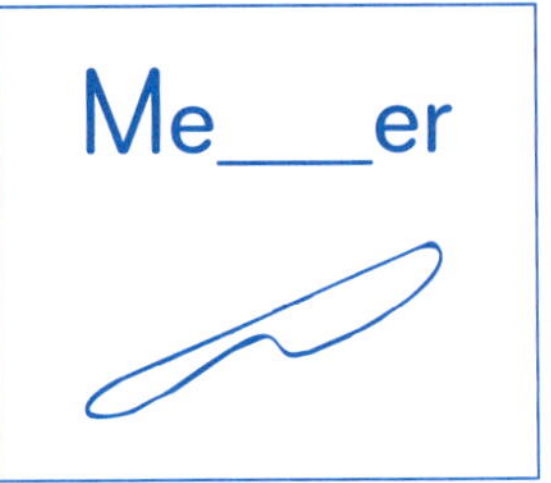

Ka___e

Schlü___el

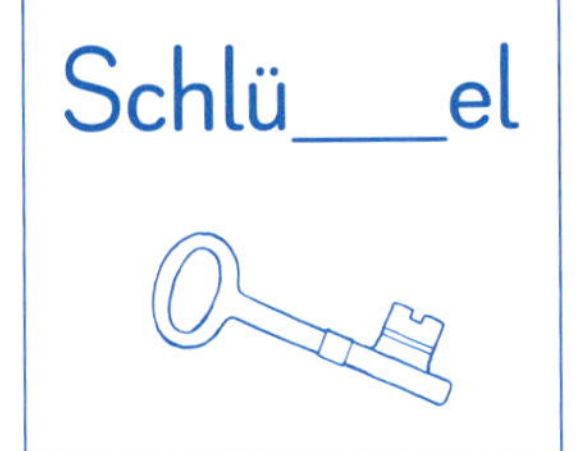

Schü___el

Ta___e

Wa___er

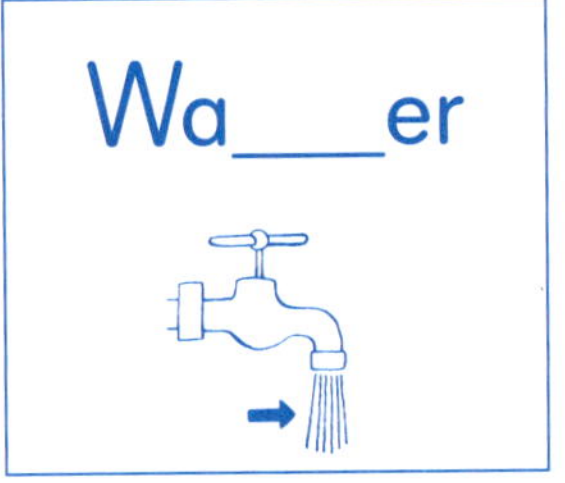

le___en

Ra___en

Lo___e

Lautunterscheidung einfacher oder doppelter Konsonant; Ergänzen der fehlenden Laute; in Silben schreiben

Sprich das Wort in Silben. Trage den fehlenden Laut ein.

m oder mm?

ko mm en ✦ i____er ✦ sa____eln ✦ zusa____en ✦ bre____sen

f oder ff?

schla____en ✦ tre____en ✦ ho____en ✦ ho____entlich

l oder ll?

fa____en ✦ vie____e ✦ wäh____en ✦ brü____en ✦ so____en

n oder nn?

Tö____e ✦ we____ig ✦ gewi____en ✦ Trä____e ✦ Kro____e

Sprich das Wort in Silben. Trage den fehlenden Laut ein.

l oder ll?

a___e ✦ bi___ig ✦ ro___en ✦ schie___en ✦ so___en ✦ Ste___e

t oder tt?

Wor___e ✦ fü___ern ✦ Mi___ag ✦ Mi___e ✦ kle___ern ✦ ra___en

n oder nn?

re____en ✦ Ho____ig ✦ ke____en ✦ kö____en ✦ we____ig

l oder ll?

kna___en ✦ gri___en ✦ schä___en ✦ füh___en ✦ fü___en

Sprich das Wort in Silben. Trage den fehlenden Laut ein.

s oder ss?

aufpa____en ✦ be____er ✦ Be____en ✦ e____en ✦ fa____en ✦

pa____en ✦ le____en ✦ fre____en ✦ wi____en ✦ la____en ✦

mü____en ✦ pa____ieren ✦ verge____en ✦ Hundera____en

k oder ck?

ba____en ✦ E____e ✦ De____e ✦ le____er ✦ drü____en ✦

Ha____en ✦ schi____en ✦ gu____en ✦ spu____en ✦ So____e ✦

schlu____en ✦ Rü____en ✦ Lo____en ✦ Ra____ete ✦ Da____el

Unterstreiche auf den Seiten 30 und 31 alle Namenwörter (Nomen) blau. Schreibe 7 Namenwörter in der Einzahl und in der Mehrzahl hier auf.

Namenwort	Einzahl	Mehrzahl
Stelle	die Stelle	die Stellen

Unterstreiche auf den Seiten 15 bis 17 alle Tunwörter (Verben) rot.
Schreibe 7 Tunwörter in der Grundform, in der ich-, du- und er-Form hier auf.

Tunwort	ich-Form	du-Form	er-Form
fallen	ich falle	du fällst	er fällt

Unterstreiche auf den Seiten 29 bis 31 alle Tunwörter (Verben) rot.
Schreibe 8 Tunwörter in der Grundform, in der ich-, du- und er-Form hier auf.

Tunwort	ich-Form	du-Form	er-Form

Unterstreiche auf den Seiten 17 bis 19 alle Wiewörter (Adjektive) grün. Schreibe 7 Wiewörter in der Grundform, in der 1. und 2. Steigerungsform.

Wiewort	Grundform	1. Steigerung	2. Steigerung
weit	weit	weiter	am weitesten

Schreibt man das Wort mit i oder ie? Kreise ein.

i ie
W_i_nd

i ie
Fl__ge

i ie
St__fel

i ie
Pap__r

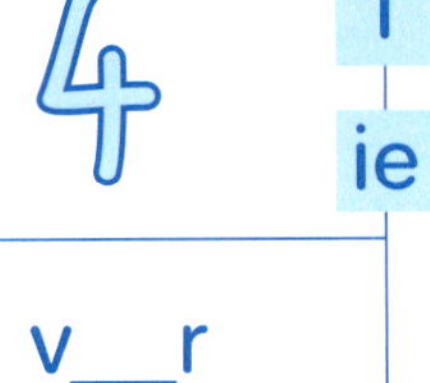
i ie
v__r

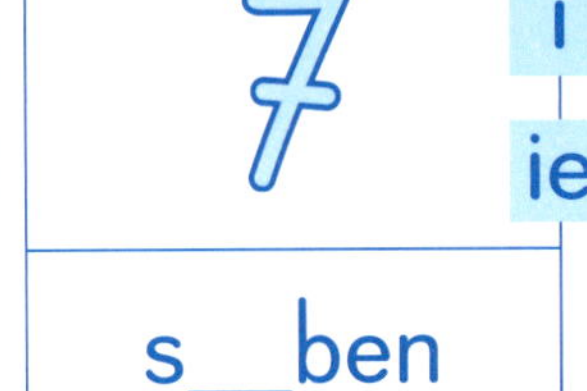
i ie
s__ben

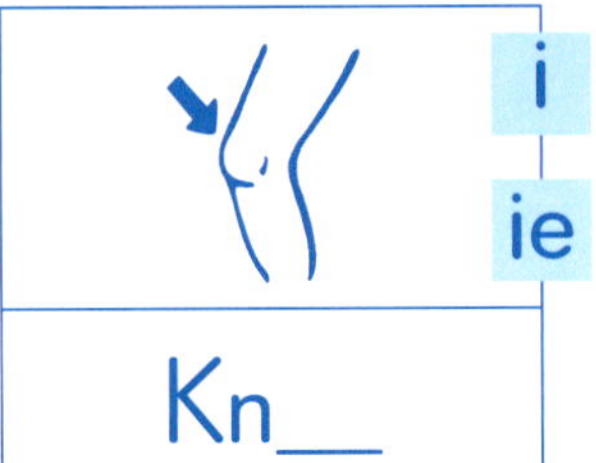
i ie
Kn__

i ie
B__ld

i ie
Sp__gel

i ie
Br__f

i ie
K__nd

i ie
F__sch

Lautunterscheidung kurzer oder langer i-Laut; Ankreuzen von „i“ oder „ie“

Die Schreibweise von vielen kleinen Wörtern musst du dir einfach merken. Schreibe die Wörter auf die nächste Seite ab.

über	es		ihn
wenn			ihr
weil			denn
meinen			meiner
uns			weg
dort			unter
ja			vorher

Schreibe die Wörter auf die vorherige Seite ab.

es	über		aber
der			eine
zu			mein
sie			nicht
war			einen
von			ich
wir			und

Mein Wörter-Schreibheft – schwierige Wörter www.verlagruhr.de

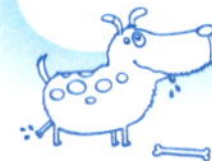

Schreibe die Wörter auf die nächste Seite ab.

die			noch
meine			mich
ein			einer
auch			als
dann			vor
aus			er
mir			sehr

Schreibe die Wörter auf die vorherige Seite ab.

einmal			nach
hatte			sie war
bin			von
alle			ganz
dem			immer
weg			zum
wie			etwas

Schreibe die Wörter auf die nächste Seite ab.

sich			eines
alles			ins
doch			einem
er ist			schon
viele			wieder
bei			unter
auf			vorher

Schreibe die Wörter auf die vorherige Seite ab.

wir werden			ich wollte
sie gingen			es wurde
wir haben			ich kann
wir waren			wir kamen
plötzlich			er ging
es sagte			ich habe
wir sind			danach

Trage **i** oder **ie** ein.

fl___gen

l___ben

Gew___tter

sp___len

St___ft

Fr___den

sch___f

w___nken

n___mals

tr___nken

l___gen

schw___mmen

v___r

L___ste

w___der

b___gen

Z___l

fr___ren

Z___mmer

St___mme

schl___mm

W___se

t___f

b___tten

fl___ßen

w___gen

sch___ben

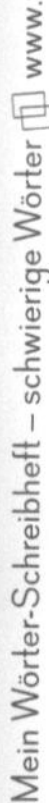

Trage den Wortstamm in die Wörter ein.
Schreibe weitere verwandte Wörter der Wortfamilie auf.

rauben ✦ der R_______er ✦ ge_______t ✦ der Bank_______

ausr____

backen ✦ der _______er ✦ ge_______en ✦ die _______erei

____

kaufen ✦ der Ver_______er ✦ ver_______en ✦ ein_______en

____

fangen ✦ der _______er ✦ ge_______en ✦ das Ge_______nis

____

Wortstamm ergänzen; teilweise Umlaute; verwandte Wörter schreiben

Trage den Wortstamm in die Wörter ein.
Schreibe weitere verwandte Wörter der Wortfamilie auf.

fehlen ✦ der ________er ✦ be________en ✦ der Be________

____

zahlen ✦ be________en ✦ er________en ✦ unbe________bar

____

rollen ✦ der ________er ✦ auf________en ✦ die ________bahn

____

wohnen ✦ die ________ung ✦ be________en ✦ be________bar

____

Trage den Wortstamm in die Wörter ein.
Schreibe weitere verwandte Wörter der Wortfamilie auf.

<u>leb</u>en ✦ _____los ✦ Er _____te lange. ✦ Der Hund _____t lange.

____

<u>schließ</u>en ✦ be_______en ✦ _______lich ✦ Wir be_______en es.

____

<u>Nahr</u>ung ✦ die Er_________ung ✦ Er_________e dich gut!

____

<u>Kraft</u> ✦ _____ig ✦ _____los ✦ _____voll ✦ Er ist ein _____paket.

____

Wortstamm ergänzen; teilweise Umlaute; verwandte Wörter schreiben